学龄前孤独症儿童融合教育指导丛书

调节与干预：读懂孤独症儿童的情绪与行为

黄勤　林盈盈　谭玮玮　主编

广西教育出版社 ·南宁·

图书在版编目（CIP）数据

调节与干预：读懂孤独症儿童的情绪与行为 / 黄勤，林盈盈，谭玮玮主编. -- 南宁：广西教育出版社，2024. 9. -- ISBN 978-7-5435-9506-4

Ⅰ. G766

中国国家版本馆 CIP 数据核字第 2024ST6717 号

策　　划：苏　敏　曾令宪　钱艺琴

数字策划：曾令宪　钱艺琴　吕远梅

责任编辑：吕远梅

书籍设计：李浩丽

特约编辑：覃梦媛

责任技编：蒋　媛

责任校对：何　云

技术支持：梁广浩　高欣宇

出 版 人：石立民

出版发行：广西教育出版社

地　　址：广西南宁市鲤湾路 8 号　邮政编码：530022

电　　话：0771-5865797

本社网址：http://www.gxeph.com

电子信箱：gxeph@vip.163.com

印　　刷：广西民族印刷包装集团有限公司

开　　本：787mm × 1092mm　1/16

印　　张：6.25

字　　数：50 千字

版　　次：2024 年 9 月第 1 版

印　　次：2024 年 9 月第 1 次印刷

书　　号：ISBN 978-7-5435-9506-4

定　　价：29.00 元

编委会

总序

孤独症谱系障碍，是一种神经系统广泛性发育障碍，主要表现为语言发育障碍、社会交往障碍、兴趣狭隘和重复刻板行为。孤独症儿童因受疾病本身的影响，在融合教育的道路上困难重重。

近年来，我国关注孤独症儿童融合教育的专业人士越来越多，也有越来越多的机构、幼儿园致力于孤独症儿童的融合教育，这为孤独症儿童提供了更多可以融入主流教育的机会。同时，孤独症儿童融合教育的开展也给相关从业人士带来了专业上的挑战。

“学龄前孤独症儿童融合教育指导丛书”（以下简称“丛书”）是为从事孤独症儿童康复工作的专业人员、开展孤独症儿童融合教育的幼儿园教师以及学龄前孤独症儿童家长提供专业性支持的一套丛书。丛书立足于广西壮族自治区残疾人康复研究中心（以下简称“广西区康”）孤独症儿童康复团队在学龄前孤独症儿童融合教育领域的实践成果，基于 PEO 框架[1]，在充分尊重学龄前孤独

---

[1] PEO 框架，是“人”“环境”“活动”（Person，Environment，Occupation）三个词语的英文首字母组合。这是一个来自加拿大的康复理论框架，可以用来评估和设计康复活动，包括人、环境和活动三个要素。

症儿童个别化差异的前提下，倡导从环境支持和活动设计的角度，给予学龄前孤独症儿童有效的融合支持。丛书共分为五册，分别从学龄前孤独症儿童融合教育模式、面向辅助教师及幼儿园教师的融合教育支持性策略、面向家长的积极支持、学龄前孤独症儿童融合教育中的常见情绪与行为干预以及面向融合教育机构的课程设置这五个方面，给读者带来具有实践指导意义的学龄前孤独症儿童融合教育理念和方法。

丛书凝聚了编写团队近十年的心血，充分体现出广西区康孤独症儿童康复团队对学龄前孤独症儿童康复教育事业的使命感，以及对专业孜孜不倦的追求与探索。希望本套丛书的出版，能为我国学龄前孤独症儿童融合教育事业的发展贡献一份力量。相信在大家的共同努力下，学龄前孤独症儿童融合教育事业一定会蓬勃发展。

主编　陈国治

序言

本书是“学龄前孤独症儿童融合教育指导丛书”（以下简称“丛书”）的第四册。本书以引导和帮助融合教育辅助教师、康复专业技术人员、幼儿园教师和家长有效地调节与干预孤独症儿童的情绪与行为为根本目标，提出情绪与行为干预的三个步骤，并结合融合教育中出现频率较高的情绪与行为案例进行干预分析，为读者提供具体的、可操作性强的孤独症儿童情绪与行为干预方法。

孤独症儿童的情绪与行为问题是阻碍他们融入普通教育环境的主要因素，需要专业人员和家长给予科学的引导与干预，帮助孤独症儿童学习如何调节自己的情绪和管理自己的行为。本书是广西壮族自治区残疾人康复研究中心孤独症儿童康复团队多年以来开展孤独症儿童情绪与行为干预实践的经验总结。全书分为三章：第一章详细介绍了从情绪与行为干预的理念到具体措施的一套系统方法；第二章提出了情绪与行为干预的三个步骤，即理解并共情儿童的情绪、观察并分析儿童行为所表达的含义、情绪与行为干预的 ABC[1] 法则；第三章通过具体的案例，详细地阐述了干预方法，使读者能够更直观地理解孤独症儿童情绪与行为干预的过程和方法。此外，本书还注重实用性和可操作性，在介绍干预方法的同时，结合孤独症儿童在融合教育中经常出现的情绪与行为案例，进行深入的个别化干预分析，为专业人员和家长提供参考。

我们希望通过本书，能够帮助孤独症相关工作人员和家长更好地理解孤独症儿童的情绪与行为，为孤独症儿童的融合教育创造一个尊重、接纳、包容的环境。期待本书能成为相关工作人员和家长在孤独症儿童融合教育工作中的得力助手。

主编　黄勤

[1] A（Antecedent）指的是行为发生的前因，主要包括立即前事和背景因素。B（Behavior）指的是行为，也就是个体具体做了什么，包括适应性行为和问题行为。C（Consequence）指的是行为的结果，也就是行为发生后，环境发生的变化以及个体的反应。

目录

第一章

接纳情绪，读懂行为

孤独症儿童由于社交沟通障碍、感知觉信息处理异常等特点，比普通儿童表现出更多的情绪与行为问题。这些情绪与行为问题是孤独症儿童参与和适应幼儿园融合教育活动的主要挑战。读懂和接纳孤独症儿童的情绪与行为，是为孤独症儿童融合教育提供有效支持的第一步。

第一节
接纳情绪

一、什么是情绪

情绪可以定义为独特的、整合的心理生理反应系统，包括表情（通常是面部）的原型形式、持续自主的变化模式以及独特的主观情感状态[1]。情绪存在于学龄前孤独症儿童幼儿园融合教育的每

[1] 艾森克．心理学：国际视野（上下册）[M]．吕厚超，等译．北京：北京大学出版社，2010：160.

一个活动中，由各种大大小小的事情或环境引发，比如：

彤彤看到种植区长出了一根小黄瓜，惊讶地睁大了眼睛。（惊讶是由意想不到的事件引发的）

俊俊抢了芬芬的纸飞机，芬芬生气地喊道：“不许抢，那是我的！”（生气是因为目标被干扰）

安安把盈盈的积木模型弄倒了，盈盈大声地说：“我不要和你玩了。”安安羞愧地低下了头。（羞愧是因为自尊心受到打击）

马上就要轮到勤勤上台跳舞了，勤勤担心自己跳不好。（担心是因为对事情发展的不确定）

上述例子中的惊讶、生气、羞愧、担心，都是孩子常见的情绪反应，反映了孩子对日常生活事件的主观体验。

二、如何描述情绪

描述孩子的情绪，可以从生理、经验和外在行为变化三个方面入手。通过孤独症儿童的外在表现，我们可以观察、了解融合教育情境中儿童的情绪反应。

生理方面。情绪反应往往伴随着生理方面的反应，例如心跳加快、呼吸急促、冒汗等其他身体表现。如生气的芬芬涨红了小脸蛋，担心跳不好舞的勤勤额头冒冷汗。

经验方面。我们在经历生活事件时产生的情绪体验，会逐渐发展成个人的情绪经验。当遇到生活事件时，情绪经验从意识层面被唤醒，帮助我们意识到生理反应的变化，同时影响我们对诱发情境及其影响方式的认知评价。随着儿童年龄增长，认知因素在情绪反应中的作用越来越重要。受惊吓的幼儿做出的反应往往是恐惧；大一点的孩子就会采取一些行动，比如逃跑，他们不只是表现出恐惧，还会尝试控制恐惧。

外在行为变化方面。外在行为即我们通过观察他人的行为表现来辨别其情绪状态，也可以简单地理解为我们看得见的、听得见的孩子的行为表现。如声音的变化（尖叫表示恐惧）或特殊动作（握紧拳头表示愤怒）。这些外在行为可以帮助我们辨别出孩子当前的情绪。如惊讶的彤彤瞪大了眼睛，张大了嘴巴；生气的芬芬双手叉腰，一副“我很生气”的模样；羞愧的安安扁着小嘴巴，强忍着眼泪。

学龄前孤独症儿童在幼儿园参与融合教育活动时会产生各种各样的情绪，这些情绪对他们参与和适应活动起着重要的作用。一方面，情绪能够帮助儿童保护自己。例如，在面对迎面快速跑来的小朋友时，儿童会因为害怕下意识地躲避，从而避免相互碰撞。另一方面，情绪可以帮助儿童理解发生在他们身上的事情，并促使他们思考如何去适应变化的环境。例如，生气会促使他们努力克服困难，恐惧会让他们逃避或离开当下的环境来保护自己。此外，情绪作为一种表达方式，可以向成人发出信号传递信息，例如儿童用微笑表示自己很快乐或满足，用哭泣表示自己难过或害怕。因此，观察孤独症儿童在融合教育活动中的表现，应该积极关注他们的情绪反应，帮助他们进行情绪调节。

儿童对情绪的认识和理解往往是从照顾者或老师对情绪的描述开始的。我们要多了解与情绪相关的词语，以便在支持和引导儿童的过程中，能准确描述儿童的情绪，帮助儿童更好地理解当下自己的情绪和他人的情绪，让儿童学会运用有效的方法来管理自己的情绪。常见描述情绪的词汇见表 1-1-1。

表 1-1-1　常见情绪词汇列举

喜	快乐	高兴	开心	满意	愉悦	骄傲	喜悦	惊喜
怒	生气	气恼	嫉妒	愤怒	气愤	恼怒	怨恨	狂怒
哀	悲伤	排斥	不快	抑郁	难过	失望	内疚	绝望
惧	恐惧	警惕	焦虑	怀疑	担心	害怕	痛苦	惊恐

人人都会有情绪，快乐、悲伤、厌恶、生气、惊讶、恐惧等都是人普遍的情绪。了解这一点对于支持孤独症儿童的情绪发展至关重要。当孩子用我们不太愿意看见的行为来表达情绪时，理解并接纳孩子可以帮助我们调节自身的情绪，理解孩子当下情绪背后的原因，进而帮助我们用语言和行为引导孩子理解自己的情绪。通过多次示范，在各种情境中引导孩子用恰当的行为表达情绪，帮助孩子逐步发展调节与管理情绪的能力。

在幼儿园融合教育的过程中，孤独症儿童比普通儿童更容易出现各种各样的情绪与行为问题，甚至表现出令家长和辅助教师感到困扰的激烈情绪与行为。比如，孩子在教室里发脾气，哭喊着要抢另一个小朋友手里的玩具。在这个情境中，我们看到孩子通过“哭喊”“抢”的行为来表达他的情绪。那么，我们如何帮助和支持孩子发展情绪调节和管理能力？首先，我们要观察孩子的行为，透过孩子的情绪表达方式，了解其当下情绪与行为背后的目的（获得实物，获得关注，逃避环境或任务，自我刺激）；然后，通过运用情绪与行为管理策略帮助和支持孩子。

因此，作为孤独症儿童的辅助教师和家长，应学习与情绪有关的知识，如“每个人都有情绪”，“情绪是由不同的环境引起的”，“每个人表达情绪的方式都是不一样的”，“表达情绪的方法可以有很多种”，“我做的一些事情可能会影响自己和别人的情绪”，等等。同时，将这些知识运用到引导孩子参与活动的过程中，支持孩子调节情绪和管理情绪。

第二节 认识行为

一、什么是行为

行为就是有机体与环境的相互作用（或者互动）。[1] 简单来说，行为就是生命有机体的所思、所言、所为。行为包括内隐行为和外显行为。内隐行为是指不能被直接观察到的行为，即人的内部心理活动。比如，你在思考晚餐吃什么，这是一个行为，但是这个行为不能被他人直接观察到，因此，思考晚餐吃什么就是一个

[1] 郭延庆．应用行为分析与儿童行为管理［M］．2 版．北京：华夏出版社有限公司，2023：6.

内隐行为。外显行为是指可以被直接观察和测量的行为。比如，你说“我今天晚上要吃牛排”，这个行为是可以直接被他人观察和记录到的，并且他人可以根据你在说这句话时声音的大小、时间的长短等信息来记录和分析这个行为。因此，你说“我今天晚上要吃牛排”是一个外显行为。在情绪与行为问题的干预中，我们所研究和干预的是外显行为，即生命有机体（人）说了什么或做了什么。

二、问题行为有哪些

从社会性的角度来划分，行为可以分为适应性行为和问题行为。适应性行为是指个体满足社会要求的行为，即那些在社会文化环境中被认可和接受的行为。反之，那些在社会文化环境中不能被认可和接受的行为就是问题行为。问题行为通常高频出现，且会干扰个体在社会环境中的学习和社会互动，甚至有可能危及个体或他人的人身安全。问题行为可以归纳为以下五类。

攻击行为，指对他人的身体或心理造成伤害的行为，包括语言攻击、肢体攻击和物理攻击。语言攻击是指通过语言来对他人造成伤害，比如骂人。肢体攻击是指通过肢体动作对他人造成伤害，如打人、踢人、掐人等。物理攻击是指利用物理环境中的物品对他人造成伤害，如用凳子砸人。如图 1-2-1。

图 1-2-1　攻击行为

自伤行为，指对自己的身体造成伤害的行为，如割伤自己的皮肤、咬自己的手、用头撞墙、用力拍打自己的头等。如图 1-2-2。

图 1-2-2　自伤行为

破坏行为，指故意对周围环境中的财物造成损坏的行为，如掀桌子、扯坏玩具、摔凳子、砸东西、撕扯书籍等。如图 1-2-3。

图 1-2-3　破坏行为

哭闹行为，指个体持续较长时间处于情绪崩溃状态，难以调节和平复的行为，如儿童要求购买玩具、零食等被拒绝后大声哭喊、滚地，持续时间超过 15 分钟。如图 1-2-4。

图 1-2-4　哭闹行为

怪异行为，指行为本身不会对他人、财物造成损害，但不被社会文化环境所认可的行为，如频繁斜眼甩手、发出怪异声音、摇晃身体、异食等。如图 1-2-5。

图 1-2-5　怪异行为

某个行为是否属于问题行为，应该从该行为是否对自身或他人造成危害、是否干扰自身或他人的学习或社会互动等方面进行判断。需要注意的是，问题行为是高频出现的行为，偶尔出现的行为不能被定义为问题行为。

第三节
行为解读

每个孩子都会有情绪，但他们表达情绪的方式各不相同。不同个性的孩子在相同的环境中，对生活事件的应对方式，以及产生正面情绪和负面情绪的比例明显不同。比如，外向的孩子偏乐观，内向敏感的孩子偏悲观，还有部分孩子则偏中性。在相同的生活事件和环境下，不同的孩子的情绪反应也有所不同。比如，刚到幼儿园融合的孤独症儿童，往往表现出高频率的负面情绪。在情绪的强烈程度和持续时间方面，不同的孩子对待同样的事件的反应也有很大的不同。比如，面对被推倒的积木，有的孩子仅表现为扁扁嘴巴，很快就进入重新搭建积木的状态；有的孩子则会哭闹不止，需要很长时间才能平复。这些个体差异与儿童的表达方式、个性特点、性别差异、家庭教养方式和文化背景密切相关。

孤独症儿童普遍存在社会交往技能不足、情绪调节能力弱、感知觉信息处理异常等问题，这使得他们在情绪表达与行为管理方面面临着很大的挑战。对于辅助教师和家长来说，同样是一个挑战。尤其是当孤独症儿童出现与情境不符、与辅助教师和家长的期待不符的情绪时，辅助教师和家长往往会面临自身的情绪问题，如不理解或疑惑孩子为什么会这样，不知如何应对，担心影响其他工作等。在这种情况下，辅助教师和家长不仅需要掌握应对孩子情绪的技能和策略，还需要具备调节自身认知和情绪的能力。了解孩子的情绪发展特点、个性特点和行为模式，从心理和行为上允许孩子表现出各种各样的情绪与行为反应，并在行为上支持孩子的情绪发展，帮助孩子在情境中认识情绪，给予引导，支持孩子调节、管理情绪与行为，使其符合社会情境的要求和期待。

在与孩子相处的过程中，当孩子出现比较明显的情绪与行为反应时，除了关注孩子的外在情绪和行为表现，还要了解孩子想通过情绪反应传递的信息。这在支持孩子情绪发展与行为管理的过程中至关重要。下面通过一些孤独症儿童在参与融合教育活动中常见的情绪与行为反应的例子，帮助我们更好地理解孩子情绪与行为背后可能传递的信息。

1. 入园与晨间活动

情境：妈妈送孩子到幼儿园的班级集合点后要离开。

（1）乐乐开心地和妈妈说再见，然后参加投篮活动。

（2）安安平静地看着妈妈离开，在老师的带领下，参与晨间活动。

（3）敏敏着急地边抽泣边跺脚，一会儿看着离开的妈妈，一会儿看着老师。

2. 区域活动

情境：餐后活动时间，老师更换了活动内容，孩子找不到昨天玩的粉红塔。

（1）乐乐好奇地询问老师粉红塔怎么不见了。

（2）安安失望地询问老师粉红塔怎么不见了。

（3）敏敏难过地询问老师粉红塔怎么不见了。

3. 户外活动

情境：小朋友们排队轮流投篮球。

（1）乐乐投进篮筐后，骄傲地做出“耶”的动作。

（2）安安投进篮筐后，满意地笑了。

（3）敏敏投进篮筐后，怀疑地问：“我投进去了吧？”

4. 生活活动

情境：其他小朋友走过来，把已经拖干净的地板踩脏了。

（1）乐乐气愤地把小朋友推开。

（2）安安恼怒地对小朋友说：“看，你把地板踩脏了。”

（3）敏敏担心小朋友继续走过去会踩脏地板，伸手拦住小朋友。

5. 午餐活动

情境：午餐有小朋友喜欢吃的炸薯条。

（1）乐乐激动得手舞足蹈。

（2）安安高兴地大口大口吃。

（3）敏敏露出满意的笑容。

上述例子中，孩子用“开心”“平静”“激动”“高兴”的情绪传递了“我是安全的”，“这个环境一切安好”，“我需要继续维持现状”的信息；“骄傲”“满意”传递了“我是可爱的”，“我是有价值的”，“我是有能力的”的信息；“好奇”“怀疑”传递了“出问题了”，“我需要接受并调整”的信息；“气愤”“恼怒”“担心”传递了“出问题了”，“我需要克服这个障碍”，“我遭受了损失”，“我处于危险之中”，“我必须赶快逃离”，“我需要保护自己”的信息。

在理解孤独症儿童常见的情绪与行为可能传递的信息的基础上，我们可以在实践中有效支持他们的情绪与行为发展。我们要正视、接纳孩子的情绪，理解他们会运用自身的经验和技能来表达情绪。在孤独症儿童参与幼儿园融合教育活动的过程中，以情绪与行为出现的情境为契机，充分考虑他们的理解能力，运用情绪与行为相关知识和支持策略，通过理解、反馈、示范、内化等方式，帮助孤独症儿童调节情绪，发展情绪管理能力，从而形成符合社会要求和期待的行为。

第二章

积极调节，科学干预

情绪与行为问题是孤独症儿童融入普通教育环境的主要障碍。那么，我们应该如何帮助孤独症儿童调节情绪，如何科学、有效地引导孤独症儿童的行为呢？在干预孤独症儿童的情绪与行为时，应遵循先调节情绪再干预行为的原则。我们可以通过与孤独症儿童建立联结、为孤独症儿童提供充分的环境支持等方式，帮助孤独症儿童学习调节情绪。当孤独症儿童的情绪缓和后，我们再通过对其问题行为的观察和分析，制定个别化干预的方案，针对性地引导孤独症儿童将问题行为转变成适应性行为。

第一节
积极的联结

在幼儿园的门口，妈妈和东东说再见，辅助教师伸出手，对东东说："东东，早上好呀！我们拉拉小手，一起进幼儿园吧。"东东突然哇的一声大哭起来，一边拉着妈妈的手离开幼儿园大门，一边喊着："我不要去幼儿园，我不要去幼儿园。"妈妈蹲下身子，对东东说："东东乖，小朋友都是要上幼儿园的，快点儿跟黄老师进去。"东东一把推开妈妈，直接躺在地板上，一边撒泼打滚，一边大声哭喊着："我不要，我不要黄老师，我要回家。"

如果你是辅助教师，遇到以上的场景，你会怎么做呢？

在引导和支持学龄前孤独症儿童进行融合教育的过程中，与孩子建立积极的联结是我们倡导的首要策略，也是我们引导和教育孩子发展适应性行为的基础。我们在日常与孩子相处时，可以通过热情、接纳、真诚、共情、尊重这五个策略，有意识地运用口头语言和肢体语言相结合的方式与孩子沟通、互动，快速与孩子建立积极的联结。对于很多辅助教师和家长来说，刚开始运用这些策略可能会感到困难，因此刻意地练习是必要且有效的。

热情，是指主动向孩子传达爱、关心，激发他们的兴趣，积极回应孩子的情绪与行为，对孩子的情绪反应给予理解与反馈，及时肯定并强化孩子的适应性行为。热情的口头语言和肢体语言可以让孩子感到舒适、放松。处于这种状态下的孩子更愿意接近成人或被成人接近，更愿意增加互动的频率，延长互动时间，也更愿意表现出更多的目光对视行为，从而更愿意执行成人提出的要求。要做到这一点，我们可以这么做：

1. 创造机会，走近孩子，弯下腰或蹲下身体，与孩子保持目光一致的高度，自然地观察孩子的活动与周围的环境。

2. 当与孩子目光接触时，身体微微向孩子倾斜，用微笑、点头以及友善、放松的面部表情回应孩子；用平和的语调、恰当的语速回应孩子发出的沟通信号；用稍微夸张的面部表情和升调的语言来回应孩子符合期待的行为表现。

3. 用符合当下情境的情绪反应的表情、肢体语言和语气语调来解释、反馈孩子与他人的情绪。

4. 用温和而坚定的眼神、柔和的面部表情和平静的语气语调来给孩子示范恰当的行为表现或设立正向的规矩。

接纳，是指能从认知上做到理解、无条件接受孤独症儿童的主要特征、学习特点及让人难以理解的怪异的行为表现，能真正做到不歧视、不嘲讽，言行一致，并始终向孤独症儿童传递积极的信息，表现出真正的接纳行为。要做到这一点，我们可以这么做：

1. 用“我”开头的句式反思自身言行，如“我看见孩子……”，“我感到……”，建立对自己的认知状态、情绪反应和习惯性行为的反思意识，学会调整与转换思维，从而替代习惯性、自动化的行为和思维反应模式。

2. 用描述性的语言、解释性的反馈，配合恰当的肢体动作来描述孩子的情绪和行为表现。描述性的语言，如“我看见你一直在转圈圈”，“我看见你很不开心”。解释性的反馈，如“老师知道你喜欢转圈圈，看起来这样做你很开心”，“今天的午餐没有你喜欢吃的鱼蛋，所以你生气了”。用这样的语言来替代责备性的话语，如“你怎么又开始转圈圈，你为什么总是做这些怪异的动作”，同时避免使用威胁性的语言，如“停止你的动作，不然……”。在与孤独症儿童相处的过程中，接纳往往不是认为自己做到了，而是需要从刻意练习开始，不断地在实践中运用这些接纳的语言与非语言技巧，才能营造出对孤独症儿童无条件接纳的氛围。

3. 一视同仁地对待每一个参与融合教育的孩子，接纳不是表演，也不是对孤独症儿童的特殊对待。孩子是天生的观察者与学习者，在自然的环境里接收到的环境信息对于他们的发展非常重要。成人不一致的接纳行为会让孩子感到困惑与矛盾，进而影响孩子的情绪与行为反应。定期进行接纳练习活动，有助于我们以更平和的心态去接纳与支持孩子。如《接纳与转变：给家长的融合教育指导》一书中的“感恩练习”和“三件好事”，是值得推荐且容易进行的接纳练习活动。

4. 接纳并不意味着纵容孩子所有的行为。我们在接纳和关爱孩子的同时，应运用策略和技巧给孩子立规矩。例如，张开双臂拥抱情绪激动的孩子，传递接纳的同时，用冷静的语气描述孩子的行为，用平和而坚定的语气清晰地告诉孩子可以怎么做，并加以示范。

真诚，是指不因幼儿园的规章制度或上级的有关要求而被迫对孩子做出回应，而是以真实、坦荡与信任的方式表现出一致的言行。即使在面对孩子的激烈情绪或不恰当行为时感到不适，也能保持真诚的态度。真诚最能打动孩子的心，获得他们的喜欢与信任。要做到这一点，我们可以这么做：

1. 用心做好与孤独症儿童互动的准备。提前了解每一个孤独症儿童的发育发展特点、个别化教育计划与目标，考虑孩子的兴趣和习惯，并确保自己有足够的时间和精力与孩子互动。

2. 给予孤独症儿童真正的关注，表达真挚的关心和问候。让孩子从肢体语言和口头语言中感受到我们的关怀和尊重。

3. 注意观察孩子的兴趣，遵循孩子的兴趣，展开或重建共同的话题和兴趣，和孩子一起游戏。

4. 打开心扉，真诚地表达对孩子情绪与行为的感受、看法和期待。尊重孩子的想法和决定，不要强行推销自己的观点，也不要控制孩子的想法和行为。

共情，是指设身处地地理解孤独症儿童。与普通儿童相比，孤独症儿童在很多活动中表现出迟缓、不协调。此时，我们需要站在孤独症儿童的角度去理解他们，思考如何支持他们在活动中更好地参与和表现。要做到这一点，我们可以这么做：

1. 调整自己的语言表达习惯，用“我”“我们”开头的句式代替“你”“你们”开头的句式。

2. 了解孤独症儿童的发育发展特点和学习特点，在一定范围内允许孩子用自己的方式探索和应对不同情境下的活动。

3. 理解孩子的进步是缓慢的，给予他们足够的耐心，支持他们的发展。

4. 回顾与孩子相处的情境和方式，反思可以改进的地方。

尊重，是指尊重孤独症儿童的发育发展特点、个性特点、情绪表达方式的差异，认识到每一个孤独症儿童的表现都各不相同。遵循个别化支持原则，不以个人喜好控制孩子。要做到这一点，我们可以这么做：

1. 不给孩子贴标签，学习普通儿童与孤独症儿童发育发展的相关知识，增进对儿童发育发展规律的了解。

2. 注重个别化教育计划的设置与引导。

3. 善于发现孩子微小的进步，并加以肯定。

4. 观察并挖掘孩子的优势，发展孩子的优势，运用优势带动其他方面的发展。

通过运用语言与非语言相结合的方式向孤独症儿童表达热情、接纳、真诚、共情与尊重，与孩子建立积极的联结，为孩子营造一个放松、舒适的环境，从而帮助孩子调节情绪，为进一步的情绪管理奠定良好的基础。

第二节
充分的环境支持

孤独症儿童的情绪与行为反应往往是在某一情境中突然发生的，并具备动态发展、突然停止、反复出现的特点。孩子的情绪与行为干预不是事后通过说教的方式就能让孩子“乖乖听话”，并按照我们的期待去表现。如果我们这样想或这样做，反而会陷入失望与无奈，容易形成“孩子不听话”的错误认知。在情境中及时干预才是帮助孩子调节情绪与管理行为的最佳方式。在幼儿园融合教育实践中，刚进入幼儿园的孤独症儿童大多不具备或还不完全具备情绪调节与行为管理的能力，他们需要花费大量的时间了解环境，在与同伴的互动中学习调节情绪和管理行为，在辅助教师和家长的引导下学习被接纳的技能，并在无数次的实践中不断内化，最终形成技能。学龄前孤独症儿童在幼儿园融合教育实践中学习情绪调节与行为管理是一个循序渐进的过程。物理环境与社交环境会影响孩子的情绪调节与行为管理。这里的物理环境主要是指幼儿园中可以利用的教育资源，包括自然环境和社会物质环境。社交环境主要是指与孤独症儿童互动的家长、同伴、普通教师和辅助教师等。以下列举几种常见的情境。

情境 1

环境：下雨了，老师考虑到这样的天气不适合开展户外活动，因此将户外活动课调整到教室内进行。（自然环境发生变化）

情绪反应：因活动地点发生变化，存在环境转换及适应困难的孤独症儿童容易出现紧张、焦虑等情绪反应。

行为表现：孤独症儿童容易出现抗拒、哭闹或不知所措的行为。

环境支持：可以从社交环境上进行支持。辅助教师可以观察孤独症儿童的情绪反应与行为表现，判断孩子的情绪与行为背后所传递的信息（如“下雨了，我不能进行户外活动了”），用接纳、共情的肢体语言和口头语言与孩子沟通：“老师看见你很着急，我知道你很喜欢户外活动，可是下雨了，去户外活动会被淋湿身体，我们回到教室活动吧。”另外，辅助教师可以提前制作社交故事沟通卡，通过视觉提示与社交故事的方式，把此情境作为教学契机，进行现场教学，支持与引导孩子做好环境转换的准备。

情境 2

环境：老师更换了蒙氏工作的教具，孩子找不到每天必玩的圆形拼板。（社会物质环境发生变化）

情绪反应：因找不到自己喜欢的工作材料，缺乏沟通技巧的孤独症儿童容易出现疑惑、生气等情绪反应。

行为表现：孤独症儿童容易出现来回走动、自言自语、发脾气等行为。

环境支持：可以从物理环境和社交环境进行支持。在物理环境方面，辅助教师可以提前在原来工作材料的区域设置视觉提示卡，帮助孩子了解“工作材料去哪了，我应该做什么”，还可以更换孩子喜欢的类似的教具。在社交环境方面，辅助教师可以对孩子可能出现的情绪与行为进行预判，提前准备好辅助沟通卡、社交故事沟通卡，主动运用情境教学帮助孩子调节情绪、管理行为与衔接活动。

情境 3

环境：班级更换了辅助教师。（社交环境发生变化）

情绪反应：更换辅助教师后，孩子与新的辅助教师的沟通有一个适应期。在这个时期，孤独症儿童容易出现违拗、生气等情绪反应。

行为表现：孤独症儿童容易出现不听辅助教师的指令的行为，甚至故意用问题行为来对抗辅助教师。

环境支持：可以从社交环境进行支持。更换辅助教师前，提前用孩子容易理解的方式进行沟通。如果有条件，新的辅助教师可提前进入班级熟悉孩子，建立积极的关系，做好衔接。更换辅助教师后，如果孩子出现情绪与行为反应，可以从积极的联结开始，与孩子建立良好的关系，发现孩子的兴趣点，遵循孩子的兴趣并逐步参与到孩子的活动中。

引导与支持孤独症儿童的情绪调节与行为管理，在情境中进行现场教学能获得最佳的效果。我们需要了解环境构建的重要性，并掌握一些策略，从物理环境和社交环境两个方面支持与引导孤独症儿童参与融合教育活动，促进儿童的情绪调节与行为管理能力的发展。

第三节
深入的个别化干预

在学龄前孤独症儿童的融合教育中，孤独症儿童的情绪与行为问题常常让教师感到困扰。这些问题不仅会直接影响孤独症儿童参与融合教育的程度，还可能扰乱班级的教学秩序，严重时甚至会威胁到孤独症儿童自身和班级其他儿童的人身安全。因此，如何有效地干预孤独症儿童的情绪与行为问题，成为学龄前孤独症儿童融合教育实践的重要内容之一。

孤独症儿童与普通儿童相比，虽然其情绪与行为问题表现得更为激烈、调节时间更长，但事实上，孤独症儿童与普通儿童在情绪与行为的表现上并无本质区别。他们都是通过情绪与行为来表达自己的某种需求，从而达到某种目的。儿童有自己的需求和目的，这是应该被认可和鼓励的，只是有时候他们的表达方式不恰当。因此，情绪与行为干预应当是在认可儿童的需求的前提下，引导他们通过正确的行为方式表达需求。基于行为的 ABC 理论，学龄前孤独症儿童的情绪与行为问题干预可以归纳为三个步骤：理解并共情儿童的情绪、观察并分析儿童行为所表达的含义、情绪与行为干预的 ABC 法则。

一、理解并共情儿童的情绪

每个人都会有情绪，人在不同的情境中会产生不同的情绪。喜怒哀乐是人类最基本的情绪。儿童作为独立的个体，同样会产生喜怒哀乐的情绪。比如，儿童玩游戏时会开心地笑，玩具被抢走时会生气地叫，与妈妈分开时会伤心地哭泣，受到惊吓时会害怕地躲起来，这些都是很正常的情绪表现。我们不能要求儿童只能出现积极正向的情绪（喜），不能出现消极负面的情绪（怒、哀、惧），这不符合人类的身心特点。因此，干预孤独症儿童的情绪与行为问题，第一步是要认同儿童的情绪，接受儿童作为独立个体会有喜怒哀乐等不同情绪这一事实。

在日常生活中，经常会有家长因为孩子出现消极负面的情绪而训斥他们。比如，孩子因为作业太难而哭泣时，家长可能会训斥道："哭什么哭！做作业就好好做，有什么好哭的！"又如，孩子因为玩具被其他孩子拿走而生气地大哭时，家长可能碍于情面而训斥孩子："你怎么这么小气，一点都不懂得分享。"不管是在什么情境下，面对的是什么性格的孩子，训斥不仅不能帮助孩子平复情绪，反而会让孩子的情绪愈演愈烈。

因为作业太难而哭泣的孩子，在受到训斥后会更加难过。因为受到了训斥，孩子可能不敢再向家长寻求帮助，最终无法完成作业。当家长看到孩子的作业没有完成时，孩子将会面临又一次的训斥。

同样，因为玩具被抢走而生气的孩子，在受到训斥后会更加愤怒。因为被训斥，孩子会觉得家长不能理解自己的感受，认为家长在帮别人而不帮自己。这会让原本因玩具被抢走而感到无助的孩子更加没有安全感。

孩子出现消极情绪时对其进行训斥，会让孩子陷入与消极情绪抗争的恶性循环中。相反，如果在孩子因为作业太难而哭泣时，家长说："你看起来很伤心，是遇到什么困难了吗？"孩子的感受就会完全不一样。这句简单的话能够让孩子感受到家长的关心和理解，知道家长是可以帮助他的人。这样，家长可以辅导孩子完成作业，孩子的困难得到了解决。

当孩子因为玩具被抢走而生气、难过时，家长说："你看起来很生气，因为你的玩具被弟弟拿走了。"孩子能够感受到家长的理解和安慰，接着会跟家长讲述事情的经过。然后家长可以与孩子一起讨论解决问题的办法。

显然，在孩子出现消极情绪的时候，对其训斥或认同会带来两种截然不同的结果。如果我们在干预儿童的情绪与行为前，先做到理解和共情他们的情绪，就向成功迈出了重要一步。

二、观察并分析儿童行为所表达的含义

人是社会性动物，人的行为都具有功能性，行为背后蕴含着某种需求和目的。儿童的行为也不例外，他们的情绪与行为是

一种沟通与表达的方式。我们如果能够在儿童发生情绪与行为问题时，解读出他们想表达的意图，就能找到他们容易接受的解决问题的方法。那么，如何快速解读儿童情绪与行为所表达的意图呢？仔细观察是推测儿童情绪与行为所表达的意图的有效方法。

人的行为具有目的性，如果某个行为持续或重复发生，说明在行为发生之前有某种动因机制在驱动，并且这个行为在发生之后满足了其目的。

美国心理学家、新行为主义教育的主要代表人物伯尔赫斯·弗雷德里克·斯金纳（Burrhus Frederic Skinner）提出了操作性条件反射的理论。斯金纳认为，在日常生活中，我们的学习内容和行为方式都受到我们曾经在生活中经历的条件作用经验的重要影响。[1] 当一个行为发生后，如果出现了强化刺激（行为达到了预期目的），这个行为再次出现的概率就会增加。相反，如果一个习得的行为发生之后，没有出现强化刺激（行为没有达到预期目的），这个行为就会逐渐消退。

“情绪与行为问题”之所以被称为“问题”，是因为这种情绪、

［1］艾森克．心理学：国际视野（上下册）［M］．吕厚超，等译．北京：北京大学出版社，2010：295–296.

行为反复出现，并且对儿童的学习和生活产生了影响。基于斯金纳的操作性条件反射理论，我们要干预的这种重复出现的情绪、行为必然在过去得到过强化。也就是说，儿童在某种内在需求（动因机制）的驱使下，做出了某种行为（情绪、行为），并且在行为发生之后达到了儿童期望的目的（强化）。

因此，要推测儿童情绪与行为所表达的意图，不仅需要观察儿童行为本身（Behavior），还要结合行为发生的前因（Antecedent）和发生后的结果（Consequence）进行分析和理解。行为的 ABC 关系如图 2-3-1。

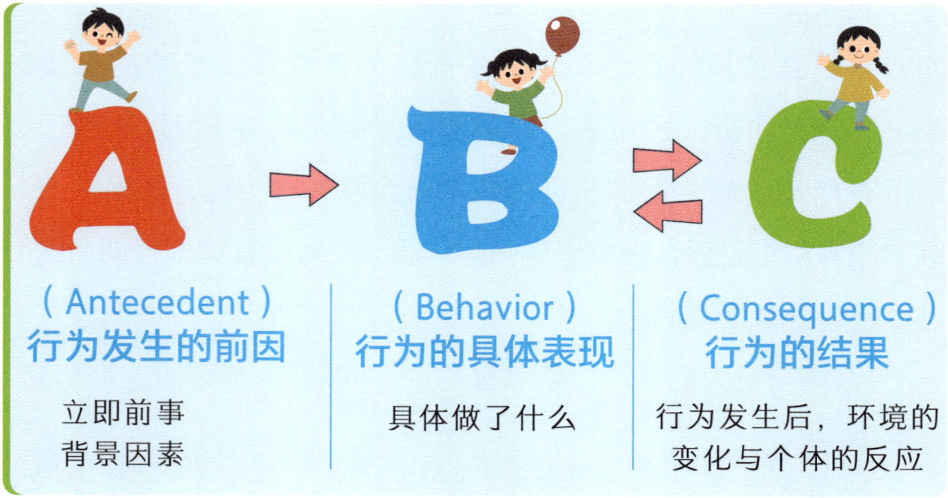

图 2-3-1　行为的 ABC 关系

（一）行为发生的前因

A（Antecedent）指的是行为发生的前因。行为发生的前因主要包括立即前事和背景因素。

立即前事，即直接引发行为的环境刺激。比如，你向孩子张开双臂，孩子就会向你跑过来。在这个事件中，你张开双臂的动作就是孩子向你跑过来的这一行为的立即前事。

背景因素，包括个体背景因素和环境背景因素。个体背景因素包括生理状况、能力水平、过往经验等。比如，孩子前一天晚上拉肚子，第二天妈妈把孩子送到幼儿园门口后，孩子紧紧地抱着妈妈哭。在这个事件中，“孩子前一天晚上拉肚子”就是“孩子紧紧地抱着妈妈哭”这一行为的个体背景因素。环境背景因素包括物理环境因素和社会环境因素。物理环境因素主要指行为发生时的物理环境，如灯光的明暗、噪声的大小、空间的大小、物品的摆放位置等。社会环境因素主要指行为发生前周围的人的行为表现。

（二）行为的具体表现

B（Behavior）指的是行为，也就是个体具体做了什么。行为包括适应性行为和问题行为。情绪与行为干预是针对儿童的某一个特定的问题行为进行引导和教育，使得问题行为得以消退。我们在对儿童的问题行为进行干预时，一定要有明确的目标行为，即具体要干预儿童的哪个问题行为。

当我们需要对某一个案进行情绪与行为问题干预时，个案可能同时存在多个情绪与行为问题。这时候，我们首先需要从个案的多个问题行为中选择一个作为干预的目标。一次只干预一个问题行为，能够让我们在干预的时候确立明确的目标。明确的干预目标是制定有效干预方案的重要前提。在选择作为干预目标的问题行为时，我们可以将个案的问题行为都罗列出来，在充分分析每个问题行为发生的频率、持续时间、强度和危险等级后，选择其中对个案影响最大、最急需干预的问题行为进行干预。目标行为选择表见表 2-3-1。

表 2-3-1　目标行为选择表

姓名：　　性别：　　年龄：　　所在班级：　　障碍类型：　　填表人：　　填表时间：

序号	问题行为	频率	时间长度	强度等级	危险等级	排序
1		（　　）次 / 天	持续（　　）分钟	低　高 1 2 3 4 5 6 7 8 9 10	低　高 1 2 3 4 5 6 7 8 9 10	
2		（　　）次 / 天	持续（　　）分钟	低　高 1 2 3 4 5 6 7 8 9 10	低　高 1 2 3 4 5 6 7 8 9 10	
3		（　　）次 / 天	持续（　　）分钟	低　高 1 2 3 4 5 6 7 8 9 10	低　高 1 2 3 4 5 6 7 8 9 10	
4		（　　）次 / 天	持续（　　）分钟	低　高 1 2 3 4 5 6 7 8 9 10	低　高 1 2 3 4 5 6 7 8 9 10	
5		（　　）次 / 天	持续（　　）分钟	低　高 1 2 3 4 5 6 7 8 9 10	低　高 1 2 3 4 5 6 7 8 9 10	
6		（　　）次 / 天	持续（　　）分钟	低　高 1 2 3 4 5 6 7 8 9 10	低　高 1 2 3 4 5 6 7 8 9 10	
7		（　　）次 / 天	持续（　　）分钟	低　高 1 2 3 4 5 6 7 8 9 10	低　高 1 2 3 4 5 6 7 8 9 10	
8		（　　）次 / 天	持续（　　）分钟	低　高 1 2 3 4 5 6 7 8 9 10	低　高 1 2 3 4 5 6 7 8 9 10	
9		（　　）次 / 天	持续（　　）分钟	低　高 1 2 3 4 5 6 7 8 9 10	低　高 1 2 3 4 5 6 7 8 9 10	
10		（　　）次 / 天	持续（　　）分钟	低　高 1 2 3 4 5 6 7 8 9 10	低　高 1 2 3 4 5 6 7 8 9 10	

（三）行为的结果

C（Consequence）指的是行为的结果，也就是行为发生后，环境发生的变化以及个体的反应。行为的结果是伴随着行为之后发生的，因此行为的结果也称行为的后效。行为的后效往往会影响该行为在之后发生的概率。行为的后效可以分为强化和惩罚，如表 2-3-2。

表 2-3-2　行为的后效

行为的后效	行为的刺激	行为今后发生的概率
正强化	+（增加了某种刺激）	↑（行为发生概率维持不变或提高）
负强化	−（移除了某种刺激）	↑（行为发生概率维持不变或提高）
正惩罚	+（增加了某种刺激）	↓（行为发生概率降低）
负惩罚	−（移除了某种刺激）	↓（行为发生概率降低）

强化指的是行为发生之后，出现了某种刺激，而这种刺激导致该行为在将来发生的概率维持不变或有所提高。根据行为结果的类型，又可以将强化分为正强化和负强化。在这里，“正”和“负”分别表示“出现”和“移除”的意思。

正强化指的是行为发生之后，出现了某种刺激，使得行为在今后发生的概率有所提高。比如，孩子按时写作业后，得到了老师的表扬，此后孩子每天都按时写作业。在这里，老师的表扬就是对孩子按时写作业这一行为的正强化。

负强化指的是行为发生之后，移除了某种刺激，使得行为在今后发生的概率提高。比如，当老师把音响打开时，芹芹就会捂住耳朵尖叫，老师把音响关掉后芹芹就不再尖叫了。此后，只要老师一把音响打开，芹芹就立刻捂住耳朵尖叫。在这里，老师把音响关掉（音响发出的声音被移除）就是对芹芹不再尖叫这一行为的负强化。

惩罚指的是行为发生之后，出现了某种行为的结果，而这种结果导致该行为在今后发生的概率降低。根据行为结果的类型，惩罚可以分为正惩罚和负惩罚。与正强化、负强化一样，这里的“正”和“负”分别表示“出现”和“移除”的意思。

正惩罚指的是行为发生之后，出现了某种刺激，使得此类行为在今后发生的概率降低。比如，浩浩在外面散步时，在绿化带上小便，正好被路过的城管叔叔看见了，城管叔叔批评了浩浩，此后浩浩再也不在绿化带上小便了。在这里，城管叔叔的批评就是对浩浩在绿化带上小便的正惩罚。

负惩罚指的是行为发生之后，移除了某种刺激，使得此类行为在今后发生的概率降低。比如，珊珊上课的时候随意离开座位，老师扣除珊珊一朵小红花，此后珊珊在上课的时候再也不随意离开座位了。在这里，扣除一朵小红花就是对珊珊离开座位的负惩罚。

行为的前因和结果都对行为产生直接的影响。因此，在干预情绪与行为问题时，不能仅仅关注行为本身，而是要结合 ABC 三个方面去完整地看待和分析情绪与行为问题。只有在结合 A（前因）和 C（结果）的基础上，才能够真正地了解 B（行为）背后的目的。因此，我们在为孤独症儿童提供情绪与行为支持时，应结合环境对儿童的行为进行分析，在充分了解儿童行为背后的目的之后，再制定个别化干预策略。

三、情绪与行为干预的 ABC 法则

行为的发生包括 ABC 三个部分，这三个部分是相互作用的一个整体。在分析情绪与行为问题时，我们分别从 A（前因）、B（行为）、C（结果）三个方面进行分析。同样的，在设计干预策略上，也可以从这三个方面入手。

（一）基于A（前因）的干预法则

A是行为发生的前因，是引发行为的刺激。也就是说，如果A（前因）没有发生，那么由A（前因）引发的B（行为）也就不会发生。在情绪与行为的干预中，如果我们能够在目标行为发生前就对引起行为发生的前因做出改变，就有可能避免目标行为的发生。

改变A（前因）指的是使引发目标行为的A（前因）不出现，或使A（前因）往期望的方向发生变化。如，小丽每次路过游乐场都会要求进去玩耍，如果妈妈拒绝，她就会大声哭喊并且在地上打滚，直到妈妈同意让她进游乐场玩耍。在这个案例中，目标行为（大声哭喊并且在地上打滚）的A（前因）分为两部分，一部分是立即前事，即妈妈拒绝小丽进入游乐场玩耍的要求；另一部分是环境背景因素，即小丽和妈妈路过游乐场。

在这个案例中，立即前事和环境背景因素必须同时出现，才会引发目标行为。因此，我们可以采用使A（前因）中的环境背景因素不出现的方式，来避免小丽出现目标行为。比如，如果妈妈没有计划带小丽去游乐场玩耍，那么就不要带小丽经过游乐场，而是绕道而行。如此一来，小丽没有看到游乐场，就不会提出要进入游乐场玩耍的要求，也不会因为被妈妈拒绝而哭闹打滚。

此外，我们也可以采用改变 A（前因）中的立即前事，来避免孩子出现目标行为。在上述案例中，如果妈妈在小丽提出要求的时候，没有拒绝，那么目标行为就不会出现。因此，在妈妈认为小丽可以进入游乐场玩耍的时候，带小丽路过游乐场（环境背景因素出现），当小丽提出要进入游乐场玩耍时，妈妈立即愉快地答应小丽（立即前事的改变）。

改变 A（前因）是一种对情绪与行为问题的预防性策略。在学龄前孤独症儿童的融合教育中，可以通过改变环境因素、调整个别化课程等途径来预防情绪与行为问题的发生。

改变环境因素指的是对情绪与行为问题发生的环境背景因素进行调整，从而使得情绪与行为问题发生的概率降低。在学龄前孤独症儿童的融合教育中，环境背景因素的调整包括教师的专业技术提升、物理空间环境的结构化调整、个别化的环境支持等方面。

调整个别化课程包括根据儿童的实际发展水平设置恰当难度的教学目标，依据儿童的注意力持续时间设置合适的任务长度，遵循儿童的兴趣对教学活动进行动静结合的设置和趣味性的提升，依据儿童的学习特点使用相应的辅助教学策略等。

（二）基于B（行为）的干预法则

人的行为都有其目的性，无论是有意识的还是无意识的。行为的目的性也称为行为的功能。情绪与行为是儿童能够最有效实现其目的的途径。要从根本上解决情绪与行为问题，就不能够忽视情绪与行为的功能。基于B（行为）的干预，就是在充分了解儿童情绪与行为的功能的基础上，教导儿童用恰当的替代性行为来实现其目的。基于B（行为）的干预法则就是找到与儿童情绪与行为功能相同的替代性行为，并教会儿童。

行为的功能大致可以分为四种，即实物强化行为、注意力强化行为、逃避强化行为、自我强化行为。

1. 实物强化行为。儿童想要得到某种物品，会通过情绪与行为来表达“我想要……”。这一类型的情绪与行为往往发生在儿童向成人提出要求并遭到成人拒绝之后，并且在成人给予儿童某种物品之后停止。

对于儿童“我想要……”这一类型的需求，实物强化行为的替代性行为可以是教导儿童用语言表达，也可以是使用替代性沟通工具或通过肢体动作表达。

2. 注意力强化行为。儿童想要得到成人或同伴的关注，会通过情绪与行为来表达“请看看我……”，“请表扬我……”，“请跟我玩……”等。这一类型的情绪与行为往往发生在周围的人忙于其他事情而无法关注儿童时，并且在儿童获得成人或同伴关注后有短暂的加剧。

对于此类需求，注意力强化行为的替代性行为可以是教导儿童用语言表达，也可以是轻轻拉周围人的手或走到成人或同伴面前呼唤其名字等。

3. 逃避强化行为。儿童不想做某一件事情或者不喜欢特定环境中存在的某种感官刺激，会通过情绪与行为来表达“我不想……”，“我不喜欢……”，“我害怕……”等。这一类型的情绪与行为往往发生在成人对儿童发出指令之后或儿童被要求转换环境之时。

对于这些需求，逃避强化行为的替代性行为可以是用语言表达或用肢体动作表达，也可以是请求成人帮助或在安静的地方调整情绪等。

4. 自我强化行为。儿童通过自身行为获得某种感官的满足。自我强化行为往往发生在行为发生的同时，儿童会得到感官的满足（强化）。因此，自我强化行为会在任何时间、任何场景发生。

自我强化行为的替代性行为是在恰当的场合下通过社会文化环境可以接受的行为来实现感官满足。如感知觉训练、感官游戏等。

任何情绪与行为背后的目的都是有意义的，只是不恰当的情绪与行为不能被社会文化所认可。我们应尊重孤独症儿童情绪与行为背后的目的，在进行干预时不能单纯地要求儿童不要做出问题行为，而是要教导儿童采取新的、与问题行为的功能一致的替代性行为，帮助儿童更快地达到其目的。

（三）基于 C（结果）的干预法则

行为之所以会持续出现，是因为该行为能够实现行为主体的某种目的，即行为曾经得到了强化。因此，基于 C（结果）的干预法则就是控制行为的结果，使问题行为发生之后不再带来儿童想要的结果（强化物），从而降低问题行为在以后发生的概率。强化物是指紧跟一个行为（反应）之后出现的，能够增加该行为（反应）发生频率的一个刺激。刺激可以包括事件、活动和条件等一切因素。[1]

在问题行为C（结果）的干预中需要掌握两个概念，即差别强化和消退。

差别强化是只强化特定的合适行为而不强化其他行为（特别是不合适行为）的程序。其结果为，被强化的合适行为得以增加，未被强化的行为得以减少。[2]比如，在干预儿童上课期间离开座位随意走动的行为时，老师应在儿童离开座位时不予以关注，而当儿童回到座位时，应立即对儿童坐在椅子上的行为进行强化（给予表扬或奖励等），并且每间隔一小段时间，如果儿童没有离开座位，就再次给予儿童强化，从而使儿童延长坐在椅子上的时间，减少离开座位随意走动的行为。

消退是指当行为出现之后不再给予强化，从而使得该行为在今后出现的概率降低，直至这一行为消失。比如，儿童在上课时通过大声唱歌来引起老师和同学的关注。之前，儿童出现该行为

---

［1］郭延庆．应用行为分析与儿童行为管理［M］．2版．北京：华夏出版社有限公司，2023：13.

［2］小林重雄．自闭症教育基础用语百科辞典［M］．裴虹，范祺韡，译．上海：上海人民出版社，2019：79.

时，老师会停止教学，并教育儿童上课时应该保持安静。老师停止教学对儿童进行教育的过程让儿童实现了获得老师关注的目的，强化了儿童在上课时大声唱歌的行为。之后，当儿童再出现上课时大声唱歌这一行为时，老师不予以理会，继续教学。儿童在课堂上大声唱歌的行为不再获得老师的关注，一段时间后，该行为出现的概率就会降低，直至不再发生。

差别强化和消退都是通过控制行为背后的强化物来调节某一特定行为发生的概率。在情绪与行为问题的干预中，差别强化和消退往往需要配合使用。通过差别强化来提高适应性行为发生的概率，通过消退来降低问题行为发生的概率。随着适应性行为发生的次数增多，问题行为发生的次数就会减少。

情绪与行为问题干预是一个比较复杂且长期的过程。在情绪与行为问题干预的过程中，儿童行为的表现和行为的功能可能会发生变化。因此，每当儿童出现目标行为时都要对行为的 A（前因）、B（行为）、C（结果）进行观察和分析，以此来评估所制定的干预策略是否有效。对情绪与行为问题的 ABC 这三个方面的分析，应贯穿干预的全过程。

第三章

积极引导，助力成长

孤独症儿童的情绪与行为往往反映出他们内心的需求与感受。在他们的成长过程中，会面临各种各样的挑战，例如社交游戏技能的缺乏、对未知事物的恐惧以及感知觉信息处理的异常等。情绪与行为是孤独症儿童在面对特定情境时，用以调节情绪和应对问题的一种方式。要有效干预这些情绪与行为问题，需要在客观理解和正确看待这些表现的基础上，读懂儿童的目的，从而给予儿童积极的引导和有针对性的教育。

第一节
巧妙应对攻击行为

孤独症儿童因为社交沟通能力不足，无法正确表达自己的情感和需求，可能会选择使用攻击行为作为表达方式。由于攻击行为可能会对孤独症儿童自身和他人造成伤害，所以我们在干预和处理时，应确保人身安全，避免攻击者和被攻击者受到伤害。

案例 1　经常出现打人的行为

图 3-1-1　潇潇想推前面的小朋友

潇潇，男，3 岁 2 个月，诊断为孤独症谱系障碍。经评估，潇潇整体发展年龄为 18 个月。潇潇能仿说简单的词语，但很少主动说话。在班级中，潇潇经常出现打人的行为。如在排队玩滑滑梯时，潇潇会直接把前面的小朋友推倒在地，自己去玩滑滑梯。区域活动时，如果有小朋友先拿了潇潇想玩的玩具，潇潇会用力拍打小朋友的头。上课时，潇潇经常跑离座位，如果老师要求他坐好，他会用身体撞击老师并且挥手拍打老师。班上如果有小朋友哭闹，潇潇会愤怒地推开正在哭闹的小朋友，或者用力拍打小朋友的脸。潇潇打人的行为很频繁，每天都会发生 4～5 次，并且潇潇打人的对象并不固定。

分析：潇潇因语言表达能力发展滞后，难以准确表达自我情感和需求。因此，当他有需求的时候，潇潇会使用攻击行为来向他人表达自己的需求，希望通过攻击行为能够让他人理解和满足自己的需求。情境分析如表 3-1-1。

表 3-1-1　潇潇的调节与干预方案

<table>
<tr><th colspan="2">第一步：理解并共情儿童的情绪</th></tr>
<tr><td colspan="2">例如，可以对潇潇说“老师看见你想玩滑滑梯，但是有小朋友正在玩，老师知道你很着急，不知道该怎么办”。</td></tr>
<tr><th colspan="2">第二步：观察并分析儿童行为所表达的含义</th></tr>
<tr><th>行为的功能</th><th>行为的强化</th></tr>
<tr><td>实物强化行为，潇潇用打人的行为表达：
我想要玩滑滑梯，立刻！马上！
我想要玩他手上的玩具，立刻！马上！
我不想坐在椅子上，我想跑一会儿。
我不想听到小朋友哭，我要他立刻安静下来。</td><td>潇潇打人后获得了他想要的：玩滑滑梯的优先权、玩玩具的优先权、不坐在座位上等。</td></tr>
<tr><th colspan="2">第三步：情绪与行为干预的 ABC 法则</th></tr>
<tr><td colspan="2">基于 A 的干预法则　在潇潇的打人行为出现之前干预，如在潇潇即将去玩滑滑梯之前，结合视觉教学策略，提前向潇潇说明玩滑滑梯要排队，提醒潇潇耐心等待。老师可以使用一些策略，逐渐延长潇潇等待的时间，比如第一轮安排潇潇排在第一位，第二轮安排潇潇排在第二位，以此类推。同时，在潇潇排队等待期间，老师可以跟潇潇说一些他感兴趣的话题，以转移潇潇的注意力。
基于 B 的干预法则　教导潇潇学会替代性行为，如用语言表达“我想玩……”“我想跑”“别哭了”。
基于 C 的干预法则
消退：当潇潇因想玩滑滑梯而推前面的小朋友时，老师立即制止，并且暂时剥夺潇潇玩滑滑梯的权利。
差别强化：当潇潇能够排队等待时，立即给予潇潇强化物（口头表扬、代币等）；当潇潇能够模仿老师用语言表达“我想玩……”“我想跑”时，老师应立即满足潇潇的需求；当潇潇能够用语言表达“别哭了”时，老师可以立即告诉潇潇如何帮助哭泣的小朋友，并且把哭泣的小朋友带到稍远处安慰。</td></tr>
</table>

案例 2　喜欢踩别人的脚

图 3-1-2　小石想获得老师的注意

小石，男，6岁2个月，诊断为孤独症谱系障碍。经评估，小石整体发展年龄为40个月。小石口语能力和社交技能不足，喜欢自己玩，很少主动社交。小石特别喜欢踩别人的脚。上课时，小石会突然跑上讲台踩一下老师的脚，然后笑着跑回座位，如果老师批评他，他会笑得更大声并趁老师不注意时再次踩老师的脚。在走廊时，如果有小朋友经过，小石会飞快地跑过去踩一下小朋友的脚，然后跑开。在洗手间时，小石上完厕所后会快速地踩一下离他最近的小朋友的脚，然后飞快地跑开。吃饭时，小石也会突然踩一下旁边小朋友的脚，然后笑嘻嘻地继续吃饭。每天老师都会接到10次以上来自小朋友们的投诉，然而老师对小石的批评教育似乎没起到任何作用，反而让小石踩别人的脚的行为愈演愈烈。

分析：小石有社交需求，但因其口语能力和社交技能不足，在与他人建立社交关系上存在困难。小石通过踩他人的脚的方式来获取他人的注意，以此来向他人表示友好或展开社交游戏。情境分析如表 3-1-2。

表 3-1-2　小石的调节与干预方案

<table>
<tr><th colspan="2">第一步：理解并共情儿童的情绪</th></tr>
<tr><td colspan="2">例如，可以对小石说“老师知道你很想跟别人玩，你希望别人能够注意到你”。</td></tr>
<tr><th colspan="2">第二步：观察并分析儿童行为所表达的含义</th></tr>
<tr><th>行为的功能</th><th>行为的强化</th></tr>
<tr><td>注意力强化行为，小石用踩他人的脚的行为在表达：请你关注我！</td><td>小石踩了别人的脚之后获得了别人的注意，如他人的尖叫、批评等。</td></tr>
<tr><th colspan="2">第三步：情绪与行为干预的 ABC 法则</th></tr>
<tr><td colspan="2">基于 A 的干预法则　运用社交故事，教导小石学会与他人互动的正确方式；通过个别化教学提升小石的社交游戏技巧。
基于 B 的干预法则　教导小石学会替代性行为，例如，用挥手跟他人打招呼，轻拍他人的手臂以吸引他人的注意等。
基于 C 的干预法则
消退：当小石踩别人的脚时，对小石的行为采取忽视处理。
差别强化：当小石能模仿老师挥手跟他人打招呼、轻拍手臂吸引他人的注意时，老师应立刻给予小石关注和表扬；在小石没有出现踩他人的脚的行为时，多关注小石。</td></tr>
</table>

在干预孤独症儿童的攻击行为时，教师理解和接纳的态度是十分重要的。教师的理解和接纳的态度可以让孤独症儿童感受到自己被理解和尊重，从而获得安全感。营造安全的环境，有助于孤独症儿童更快地调节情绪。同时，教师应认识到孤独症儿童的综合能力不足，然后有针对性地引导孤独症儿童学会相应的技能。

第二节
有效调节异常情绪

感知觉信息处理异常、重复刻板行为和社交沟通障碍都可能导致孤独症儿童出现异常的情绪。环境中某种声音、某个物体或活动流程的改变，以及对孤独症儿童来说比较困难的社交要求，都有可能引发孤独症儿童的负面情绪。因此，有些孤独症儿童脾气暴躁，但实际上他们只是缺乏有效的沟通技巧和情绪调节能力。针对这一类儿童，应遵循先处理情绪再干预行为的原则。干预的重点是帮助孤独症儿童学习如何调节自己的情绪和学习更多的社交沟通技巧。

案例 1　一点小事就动怒

图 3-2-1　老师教导小叶排队顺序的轮换

小叶，男，5岁2个月，诊断为孤独症谱系障碍。经评估，小叶整体发展年龄为48个月。小叶很容易动怒。排队时，如果小叶不能排在第一位，他就会躺在地上打滚，并且大声哭闹，直到老师让他排在第一位。上课提问时，如果小叶举手了，老师没有立即让他回答问题，他就会尖叫并推倒自己的椅子。如果老师批评他，他会叫得更大声，甚至用脚踹椅子。小叶走在路上时，如果有小朋友不小心碰到他，他就会握紧拳头朝碰到他的小朋友吼：“我要打你！”在这种情况下，老师要抱住他，重复解释小朋友是不小心碰到他的，并且要持续5分钟以上，他才能够逐渐冷静下来。小叶每天情绪失控5次以上，一点点小事就可以让他暴跳如雷。

分析：小叶对他人的关注有较高的需求，他需要高频地被关注和表扬。但小叶在对社交规则的理解上和自我情绪的调节上存在困难，难以理解为什么他不能每次都是第一，难以延迟满足。情境分析如表3-2-1。

表 3-2-1　小叶的调节与干预方案

<table>
<tr><th colspan="2">第一步：理解并共情儿童的情绪</th></tr>
<tr><td colspan="2">例如，可以对小叶说“老师知道你想排在第一位”。</td></tr>
<tr><th colspan="2">第二步：观察并分析儿童行为所表达的含义</th></tr>
<tr><th>行为的功能</th><th>行为的强化</th></tr>
<tr><td>实物强化行为，小叶用躺在地板上打滚、大声哭闹的行为来表达他想要排在第一位。</td><td>小叶躺地板、哭闹的行为是为了获得排在第一位的权利。</td></tr>
<tr><th colspan="2">第三步：情绪与行为干预的 ABC 法则</th></tr>
<tr><td colspan="2">基于 A 的干预法则　在可以允许小叶排在第一位的情况下，主动邀请小叶排在第一位，并且说明为什么他可以排在第一位（如在某些活动中表现良好等），下一次应轮到另一名小朋友排在第一位。运用社交故事向小叶说明不会每次都排在第一位，不排在第一位也没关系。运用视觉教学策略，制作排队顺序安排表，每次排队前，教导小叶排队顺序的轮换。
基于 B 的干预法则　教导小叶学会替代性行为，用语言向老师表达“老师，我想排在第一位”。
基于 C 的干预法则
消退：当小叶出现发怒的行为时，对小叶说：“你现在看起来很生气，可能是因为你没有排在第一位。”引导小叶到安全的区域（一个不会让小叶因为情绪失控而受伤，也不会造成财产损失的地方），陪伴小叶，允许他情绪宣泄，但不能允许他排在第一位。
差别强化：使用代币系统，如果小叶在一段时间内情绪平稳，则奖励一个代币，集够一定数量的代币可以兑换一次排在第一位的机会。如果某次小叶没有排在第一位，但仍能够保持情绪平稳，立即给予强化，甚至可以额外奖励小叶更多的代币。如果小叶能够用语言表达“老师，我想排在第一位”，则马上给予小叶排第一位的机会，并且告诉小叶：“你很清晰地表达了你想排在第一位，我听见了。”</td></tr>
</table>

案例 2　一有困难就哭

图 3-2-2　老师辅助小宇收拾玩具

小宇，男，2岁4个月，诊断为孤独症谱系障碍。经评估，小宇整体发展年龄为12个月以下。小宇口语能力不足，在自由玩耍时会发出一些“咿咿呀呀”的声音。小宇似乎很爱哭，平均每天要哭上七八次，有时候是默默地流眼泪，有时候是号啕大哭。比如，区域活动结束时，老师请他把玩具收好，他会突然流眼泪，并且坐在地上不动，直到老师帮他把玩具收拾好，他才会停止哭泣。午睡起床时，他会坐在床上低声哭泣，老师让他换衣服、穿鞋子，他像没听见一样，一动不动，直到老师帮他把衣服鞋子穿好之后才停止哭泣。户外活动结束后，老师让他去洗手，他会突然坐在地上号啕大哭。上课时，他也会突然流眼泪，有时会一边流眼泪，一边走到老师旁边抱着老师。

分析：小宇因综合能力发展落后，融合教育活动的很多任务对于小宇来说比较困难，因此，小宇通过哭泣的方式来寻求他人的帮助和逃避困难的任务。干预该行为的重点在于通过干预的过程，教会小宇更多的技能。情境分析如表 3-2-2。

表 3-2-2　小宇的调节与干预方案

<table>
<tr><th colspan="2">第一步：理解并共情儿童的情绪</th></tr>
<tr><td colspan="2">例如，可以对小宇说“你看起来有些难过”“看起来你不想做这些事情”。</td></tr>
<tr><th colspan="2">第二步：观察并分析儿童行为所表达的含义</th></tr>
<tr><th>行为的功能</th><th>行为的强化</th></tr>
<tr><td>逃避强化行为，小宇用哭泣的行为来表达他不能完成老师布置的任务，他需要帮助。</td><td>每次哭泣后，小宇就无需完成老师布置的任务，而是由老师代劳。</td></tr>
<tr><th colspan="2">第三步：情绪与行为干预的 ABC 法则</th></tr>
<tr><td colspan="2">基于 A 的干预法则　结合视觉教学策略，使用任务分解图来提升小宇的生活自理技能。在给小宇布置任务前，走到小宇身边，告诉小宇“我可以帮你”，并在说完任务要求后，用肢体辅助小宇完成任务。
基于 B 的干预法则　教导小宇学会替代性行为，如用拉老师的手表示请求帮助。
基于 C 的干预法则
消退：当小宇在听到老师的任务指令后开始哭泣时，老师安慰小宇并提供帮助，可以握着小宇的手完成任务，但不再代劳。
差别强化：当小宇在活动中能够独立完成一些事情时，老师给予表扬；当小宇能够用拉老师的手来表达请求帮助时，老师应立即给予小宇帮助，并在帮助小宇完成任务后给予强化。</td></tr>
</table>

每个人都会有情绪，孤独症儿童也不例外，他们同样会表现出高兴、生气、伤心、愤怒等情绪。孤独症儿童的情绪，无论是积极的还是消极的，都应当被尊重和接纳。当孤独症儿童出现情绪调节困难时，我们要做的是引导孤独症儿童正确认识自己的情绪，并且教导孤独症儿童学习调节情绪的方法。教导孤独症儿童学习调节情绪可能是一个漫长且反复的过程，需要我们持续地努力，并且有足够的耐心。

第三节
恰当引导社交行为

由于社交技能、口语表达、注意力等多方面能力的不足，孤独症儿童在适应集体环境时存在困难。在融合教育环境中，这些适应困难通常表现为“不合群”的行为。如孤独症儿童独自玩耍，不跟随集体做游戏，独自跑离集体等。针对孤独症儿童的这一类行为，我们可以在充分观察和分析的基础上，循序渐进地引导儿童参与集体活动。

案例 1　在教室里走来走去

图 3-3-1　在教室里走来走去的依依

依依，女，5岁8个月，诊断为孤独症谱系障碍。经评估，依依整体发展年龄为48个月。依依能够跟他人进行日常对话，能理解简单的因果关系。依依在独自画画、拼图或者玩建构类玩具时，可以保持超过40分钟的专注。但是在其他活动中，依依的注意力和安坐能力都很短暂。依依从来不参与集体活动，每到集体活动时间，她就一个人在教室里走来走去，或者独自在角落画画、拼图、玩建构类玩具。这时候如果老师喊她的名字，她像是没有听见一样，毫无反应。如果老师把她带回集体参加活动，不超过一分钟，她就会再次离开座位，在教室里走来走去。

分析：依依的注意力仅限于她感兴趣的活动，在集体活动中保持安坐和维持注意力存在困难。因此，依依通过离开集体独自玩耍的方式，来逃避使她感到困难的集体活动。情境分析如表3-3-1。

表 3-3-1　依依的调节与干预方案

第一步：理解并共情儿童的情绪	
例如，可以对依依说“我知道你对画画、拼图和建构类玩具很感兴趣”“你不愿意参与其他活动”“你觉得其他活动很无聊”。	
第二步：观察并分析儿童行为所表达的含义	
行为的功能	行为的强化
逃避强化行为，依依用走来走去的行为表达她不喜欢参与老师要求的集体活动，她想玩自己喜欢的活动。	依依每次走来走去后，就无需参与老师要求的集体活动。
第三步：情绪与行为干预的 ABC 法则	
基于 A 的干预法则　依依逃避集体活动的前因可能是在集体活动中没有她感兴趣的活动，她获得的关注较少，或者活动中的任务让她感到困难。因此，可以考虑在集体活动中增加依依感兴趣的内容，多给予依依关注和表现的机会，在有新的学习任务时给予她及时的辅助。 基于 B 的干预法则　教导依依学会替代性行为，如用语言表达“老师，我想去玩一会儿拼图”。使用个别化日程表，帮助依依理解一日活动流程，重点在于帮助依依理解什么时候会有集体活动，集体活动会持续多久。 基于 C 的干预法则 差别强化：当依依出现替代性行为时，如用语言表达“老师，我想去玩一会儿拼图”，老师立即给予满足。同时，明确告诉依依在什么时候要回到集体，并给予依依一个可视化的时间工具（如沙漏、计时器等）。在约定的时间结束后，老师立即将依依带回集体。但如果依依没有用语言表达而是自行离开座位，老师要立即将依依带回集体。	

续表

当依依已经熟练掌握替代性行为后，循序渐进地延长满足依依的时间。在依依明确表达想离开后，跟依依约定等待一段时间后再离开。如，老师可以说："老师听见你说你想去玩拼图了，可以的，你跟我一起从一数到十后，就可以去玩拼图了。"

案例 2　不喜欢别人靠近

图 3-3-2　尊重洋洋的社交距离

洋洋，男，4 岁 10 个月，诊断为孤独症谱系障碍。经评估，洋洋整体发展年龄为 24 个月。洋洋只对简单的日常指令有反应，可以仿说 5 个字以内的句子。洋洋对班上的教玩具很感兴趣，可以独自探索不同教玩具的玩法，但是他似乎不喜欢别人靠近他。当洋洋在专注地探索教玩具时，如果有小朋友在他旁边坐下，他会立即离开座位，走到没有人的区域自己待着。平时老师只要靠近他小于 1 米的距离，他就会立即跑开。

分析：洋洋综合能力发展较为落后，还处于独自游戏阶段，对他人的兴趣度低。同时，洋洋可能存在感知觉信息处理异常，当有人靠近他时会让他感到不舒服。情境分析如表 3-3-2。

表 3-3-2 洋洋的调节与干预方案

<table>
<tr><th colspan="2">第一步：理解并共情儿童的情绪</th></tr>
<tr><td colspan="2">例如，可以对洋洋说“你不喜欢别人靠近”“我看见别人一靠近你，你就会离开”。</td></tr>
<tr><th colspan="2">第二步：观察并分析儿童行为所表达的含义</th></tr>
<tr><th>行为的功能</th><th>行为的强化</th></tr>
<tr><td>逃避强化行为，洋洋通过跑开的行为，来逃避过近的社交距离。</td><td>一旦有人靠近，洋洋跑开后，能够与他人保持他认为舒适的社交距离。</td></tr>
<tr><th colspan="2">第三步：情绪与行为干预的 ABC 法则</th></tr>
<tr><td colspan="2">基于 A 的干预法则　给洋洋开展感知觉方面的评估，根据评估结果开展个别化训练。尊重洋洋的社交距离，在洋洋认为舒适的社交范围内与洋洋互动。
基于 B 的干预法则　创造机会，走近洋洋，保持不引起洋洋抗拒的社交距离，弯下身体或蹲下，与洋洋保持目光一致的高度，自然地观察洋洋的活动与周围的环境。当目光与洋洋接触的时候，身体微微向他倾斜，用微笑、点头等友善的表情和动作回应他，还可以用稍夸张的、惊讶的面部表情和升调的语言来回应他符合期待的行为表现。接纳洋洋的行为，遵循孩子的兴趣，用符合当下情境的情绪反应与洋洋互动。通过多次互动，逐步靠近洋洋，与洋洋建立联结。
基于 C 的干预法则　尊重和接纳洋洋的行为，当洋洋跑开时，立即停止靠近洋洋，并向洋洋说明你想靠近他的目的，如“我不是追你，我只是想把这本书拿给你”。</td></tr>
</table>

社交沟通障碍是孤独症的核心障碍之一，因此，社交技能的掌握对孤独症儿童来说是很大的挑战。“国际学前融合教育评价标准”将融合教育分为三个维度：可接近性、支持性和参与度。参与度是融合教育的最终环节，也是最难的环节。我们在给予孤独症儿童融合教育支持时，可以依照可接近性、支持性和参与度这三个维度，循序渐进地给予儿童支持与引导。根据儿童当前的社交技能发展水平，在允许的范围内，为孤独症儿童提供逐渐适应和参与集体活动的时间和空间。

第四节
积极调整怪异行为

孤独症儿童有时会出现一些看似怪异的行为，如反复旋转物品、斜眼看东西、穿特定的衣服、过度沉迷于某一特定物品等。这些行为看起来跟社会文化格格不入，可能会让人感到困惑、不解，但是对于孤独症儿童来说，这些行为可能是他们满足感官需求或调节情绪、缓解焦虑的方式。

案例 1　发出怪声

图 3-4-1　涵涵在课堂上发出怪声

涵涵，男，4 岁 6 个月，诊断为孤独症谱系障碍。经评估，涵涵整体发展年龄为 36 个月。涵涵能仿说简单的句子，认识大部分日常生活物品，能自己吃饭、穿衣、如厕。但是涵涵的注意力很不集中，不管是上课、走路，还是其他任何时候，只要一有机会，涵涵就会摆弄舌头发出“哒哒哒”的声音，同时把右手放到眼睛前面晃动，并侧着头看手。

分析：涵涵发出“哒哒哒”的声音和晃手的行为可能是由于他的感知觉信息处理异常，他需要做出这一行为来获得感官方面的满足。涵涵的这一行为属于自我强化行为，当他在做出这一行为时，他会立即获得感官满足，因此，涵涵只要有机会，就会做出这一行为。在干预涵涵的这一行为时，不能忽视涵涵对感官的需求。情境分析如表 3-4-1。

表 3-4-1　涵涵的调节与干预方案

第一步：理解并共情儿童的情绪

例如，可以对涵涵说“发出这些声音/做出这样的动作的时候，你感到很有趣”“看得出来你很喜欢这样做”。

第二步：观察并分析儿童行为所表达的含义

行为的功能	行为的强化
自我强化行为，涵涵通过发出声音的行为来满足自己的感官（听觉）需求。	涵涵在发出“哒哒哒”的声音的过程中获得了感官（听觉）上的满足。

第三步：情绪行为干预的 ABC 法则

基于 A 的干预法则　对涵涵进行感知觉信息处理评估，根据评估结果有针对性地开展感知觉信息处理方面的训练。

基于 B 的干预法则　对抗行为，给涵涵安排与发出声音相对抗的功能性行为。比如，给涵涵安排读书的任务，涵涵在读书时嘴巴不能发出“哒哒哒”的声音，从而降低涵涵发出怪异声音的频率和缩短这一行为的发生时间。

基于 C 的干预法则

消退：涵涵发出怪异声音的行为属于自我强化行为，行为一旦发生，涵涵就会获得满足感，行为本身就是行为的强化物。这一类行为不能通过撤销强化物的方式进行消退，只能通过感知觉训练提升涵涵的感知觉信息处理能力，同时通过安排对抗行为来降低自我强化行为出现的频率。

差别强化：强化对抗行为。当涵涵做出读书、唱歌等对抗行为时，立即给予强化。

案例 2　喜欢拍垃圾桶

图 3-4-2　转移晴晴对垃圾桶的注意力

晴晴，女，5 岁 5 个月，诊断为孤独症谱系障碍合并智力发育迟缓。经评估，晴晴整体发展年龄为 24 个月。晴晴口语能力不足，只能用简单的手势表达需求。晴晴似乎有着属于自己的仪式感。每当看见垃圾桶，晴晴一定要走过去连续拍两下垃圾桶，才会满足地走开。如果晴晴看见垃圾桶后，家长或老师把她抱走，晴晴会号啕大哭，并挣扎着跑向垃圾桶，直到她成功拍了两下垃圾桶，才会安静下来。

分析：晴晴拍垃圾桶的行为，属于重复刻板行为，也是自我强化行为的一种。重复刻板行为是孤独症的症状之一，但并不是所有的重复刻板行为都需要干预。重复刻板行为是否需要干预，取决于该行为是否会对他人或自身造成伤害，是否会严重影响儿童的学习和社交。情境分析如表 3-4-2。

表 3-4-2　晴晴的调节和干预方案

<table>
<tr><th colspan="2">第一步：理解并共情儿童的情绪</th></tr>
<tr><td colspan="2">例如，可以对晴晴说“拍垃圾桶让你感到很满足”“老师看见你很喜欢去拍垃圾桶”。</td></tr>
<tr><th colspan="2">第二步：观察并分析儿童行为所表达的含义</th></tr>
<tr><th>行为的功能</th><th>行为的强化</th></tr>
<tr><td>自我强化行为，拍垃圾桶对晴晴来说是内心的某种仪式感。</td><td>晴晴在拍垃圾桶时获得内心仪式感的满足。</td></tr>
<tr><th colspan="2">第三步：情绪与行为干预的 ABC 法则</th></tr>
<tr><td colspan="2">基于 A 的干预法则　降低区别性刺激（行为发生之前的某个环境信号，该信号会引发特定的行为及后果）的出现频率，可以分别从客观层面和主观层面去降低。客观层面指的是改变客观的物理环境，如在某些环境下，可以引导晴晴绕道，降低垃圾桶出现在晴晴视线范围内的频率。主观层面指的是通过对个人关注点的调节，让个体忽视某些客观因素的存在，如即将路过垃圾桶时，可以通过跟晴晴说她感兴趣的话题、跟她玩刺激性比较强的游戏（如挠痒、追逐）等，转移晴晴的注意力，让晴晴减少对垃圾桶的关注。
基于 B 的干预法则　教导替代性行为，将拍垃圾桶的行为转换成相似动作的功能性行为，比如拍鼓、拍皮球等，让晴晴在不拍垃圾桶的情况下，也能满足自身对“拍”这个动作的仪式感。
基于 C 的干预法则
消退：晴晴拍垃圾桶的行为属于自我强化行为，行为本身就是行为的强化物，不能通过撤销强化物的方式进行消退。
差别强化：老师在每次引导晴晴成功绕道或者成功转移注意力时，给予晴晴强化，但强化时不要跟晴晴说是因为她“没有拍垃圾桶”，而是向晴晴说明“你刚才很认真听我说话”“你刚才跟我玩游戏的时候很投入”等，向晴晴强调她的正向行为。</td></tr>
</table>

每个儿童都是独立的个体，他们有属于自己的独特性，他们的独特之处需要被理解和尊重。在干预孤独症儿童的情绪与行为时，应从儿童的角度去理解和看待。情绪与行为干预并非把孤独症儿童变成我们理想中的样子，而是从儿童的需求出发，教导儿童如何通过被社会认可的方式获得需求的满足。

情绪与行为干预是一个复杂的过程，需要我们在充分了解孤独症儿童的基础上，细致地观察和分析他们的情绪与行为，从而找到有效的干预方法。此外，情绪与行为干预是一个行动研究的过程，只有将制定的个别化干预方案真正运用到儿童身上，才能判断干预方案是否有效。在实际运用中，很难通过单一的方法成功干预儿童的情绪与行为问题。在干预的过程中，儿童的情绪与行为会不断发生变化，因此，我们要根据这些变化不断调整干预策略。干预的目标不仅仅是解决孤独症儿童的情绪与行为问题，还应关注儿童的整体发展。情绪与行为的干预要以促进孤独症儿童的综合能力发展和社会适应为长远目标。

参考文献

[1] 陈品皓 . 弄懂孩子的内心 情绪 行为问题：心理咨询师给父母的 20 个教养建议 [M] . 北京：中国法制出版社，2019.

[2] 黄伟合，贺荟中 . 功能性行为评估与干预：如何应对特殊需要学生的行为问题 [M] . 北京：华夏出版社，2013.

[3] 小林重雄 . 自闭症教育基础用语百科辞典 [M] . 裴虹，范祺韡，译 . 上海：上海人民出版社，2019.

[4] 郭延庆 . 应用行为分析与儿童行为管理 [M]. 2 版 . 北京：华夏出版社有限公司，2023.

[5] 艾森克 . 心理学：国际视野（上下册）[M] . 吕厚超，等译 . 北京：北京大学出版社，2010.

[6] 李芳，李丹 . 特殊儿童应用行为分析 [M] . 北京：北京大学出版社，2011.

[7] 黄伟合 . 儿童自闭症及其他发展性障碍的行为干预：家长和专业人员的指导手册 [M] . 上海：华东师范大学出版社，2003.

［8］李丹．孤独症康复教育机构管理人员培训教材［M］．北京：求真出版社，2015.

［9］纳普．应用行为分析（ABA）完整教程：基础技能分步训练［M］．贾美香，白雅君，译．北京：人民卫生出版社，2017.

致谢

“学龄前孤独症儿童融合教育指导丛书”（以下简称“丛书”）是广西壮族自治区残疾人康复研究中心（以下简称“广西区康”）近十年深耕学龄前孤独症儿童融合教育领域的宝贵成果。丛书以其独特的实操性和深入性，展现了广西区康在孤独症儿童康复领域的专业素养和无私奉献。丛书旨在为孤独症儿童融合教育提供更为科学、有效的康复教育指导，帮助孤独症儿童更好地融入社会，享受美好的童年时光。

丛书第一册《学龄前孤独症儿童融合教育模式》、第二册《支持与引导：给辅助教师的融合教育指导》、第三册《接纳与转变：给家长的融合教育指导》、第四册《调节与干预：读懂孤独症儿童的情绪与行为》和第五册《学龄前孤独症儿童融合教育支持性课程》，结合了广西区康的融合教育实践探索，以独特的视角和深入浅出的方式，为孤独症儿童康复教师、辅助教师、幼儿园教师以及孤独症儿童家长提供了全面而专业的支持。我们为团队的成果能够为孤独症儿童的融合教育贡献一份力量而深感欣慰。同时，我们也深感责任重大，因为孤独症儿童融合教育还有很长的路要走。我们将继续努力，为孤独症儿童的融合教育提供更多的支持和帮助。

广西区康的融合教育实践得到了广西壮族自治区残疾人联合会的大力支持。2023 年 7 月，广西残疾儿童康复救助制度建设工作领导小组办公室下发了《广西残疾儿童学前融合教育康复救助实施办法（试行）》的通知。该政策的出台，为融合教育注入了强大的驱动力。在政策的支持下，幼儿园纷纷展现出高度的社会责任感，主动与广西区康建立紧密、友好的合作关系，共同致力于孤独症儿童融合教育事业的发展，为孤独症儿童创造一个更加包容、温暖的融合教育环境。

本书精心收录的案例，均源自广西区康孤独症儿童康复团队在孤独症儿童融合教育实践过程中的亲身体验与真实故事。在本书编写的过程中，团队成员们倾注了极大的热情，付出了大量的心血与努力。正是有了他们的无私奉献，本书才得以诞生，成为我们共同探索孤独症儿童融合教育之路的宝贵财富。

最后，我要向广西教育出版社的编辑团队表示最诚挚的感谢。正是因为你们卓越的专业精神、一丝不苟的工作态度，以及夜以继日的辛勤付出，才使得本书在内容的丰富性、语言的准确性以及排版的美观性上达到了卓越的水准，以高质量的面貌呈现在大家面前。

愿这本书能够成为专业人员与家长手中的宝贵工具，助力他们精准地调节与干预孤独症儿童的情绪与行为，为孤独症儿童融入普通教育环境奠定坚实的基础。

主编　黄勤